Programm

des

Vereins für sozial-politische Reform.

Am 20. September 1848.

Berlin,
in Commission bei G. Reimer.
1848.

Durch die Gesetzesvorlagen wegen Aufhebung der Grundsteuerbefreiung, Ablösung der Grundrenten und wegen unentgeltlicher Aufhebung verschiedener Rechte, so wie durch mehrere Abtheilungs-Beschlüsse der zur Vereinbarung der Verfassung berufenen Versammlung, erschienen die Interessen der Grundbesitzer und in ihrer Rückwirkung die aller andern Klassen der Nation so erheblich bedroht, daß sie zur Bildung des Vereins zum Schutze des Eigenthums und zur Förderung des Wohlstandes aller Volksklassen Anlaß gaben. Es war die Bildung dieses Vereins um so mehr gerechtfertigt, als nach factischer Aufhebung der provinzialständischen Verfassungen, und da der Grundbesitz in der National-Versammlung durchaus ungenügend vertreten ist, das Associationsrecht allein die gesetzlichen Mittel zur Wahrung seiner Interessen darbieten konnte. Zu gleichen Zwecken entstanden zahlreiche Vereine in allen durch die Gesetzgebung bedrohten Provinzen; sie entsendeten Vertrauensmänner die den permanenten Ausschuß des Vereins verstärkten.

Während dieser Ausschuß mit Lösung der ihm zunächst gestellten Aufgabe beschäftigt war, in zahlreichen Adressen und durch die Presse die rechtlichen, volkswirthschaftlichen und sozialen Gesichtspunkte der in Rede stehenden Gesetzesvorlage beleuchtet wurden, bildete sich in der öffentlichen

Meinung allmählig eine klarere Einsicht über das Wesen derselben aus, und damit traten zugleich die Befürchtungen in den Hintergrund, als werden Eingriffe in das Privateigenthum zur Vollziehung gelangen. Man glaubte vertrauen zu dürfen, daß diese in einem Staate nicht möglich seien, welcher seinen welthistorischen Aufschwung wesentlichen Theils der kräftigen Handhabung des Rechtsschutzes verdankt.

Wenn hiernach das Eigenthum durch politische Institutionen nicht mehr unmittelbar gefährdet erschien, so kamen die Ausschußmitglieder in ihrer Mehrzahl durch gegenseitige Aufklärung des volkswirthschaftlichen und sozialen Zustandes der von ihnen vertretenen Landestheile doch mehr und mehr zu dem Bewußtsein, daß es einer durchgreifenden Regeneration der Gesellschaft bedürfe, um das Vaterland vor den Gefahren zu bewahren, von denen dasselbe weniger noch durch die politischen, als durch die volkswirthschaftlichen und sozialen Mißstände, durch die mehr und mehr um sich greifende Massenverarmung, das Proletariat u. s. w. bedroht ist. Eine gründliche und vielseitige Erörterung dieses hochwichtigen Gegenstandes führte zu der Ueberzeugung, daß die gleichzeitige und kräftige Geltendmachung einer aufbauenden Staatsthätigkeit auf den Gebieten des politischen, des volkswirthschaftlichen, des sozialen und des Culturlebens eine erhebliche Minderung des Uebels herbeiführen, daß die kräftige Fortbildung der Staats- und sozialen Wissenschaften die Mittel zur gänzlichen Heilung desselben offenbaren müsse. Diese Ueberzeugung hat dem nachstehenden Programm die Entstehung gegeben. Die Unterzeichneten hegten den Wunsch, daß der Verein zum Schutze des Eigenthums und zur Förderung des Wohlstandes aller Volksklassen dasselbe als Grundlage seiner ferneren Thätigkeit annehmen möge, und wenn der Ausschuß auch glaubte sich im Wesentlichen zu Gunsten desselben aussprechen zu müssen, so traten der sofortigen Annahme doch formelle Bedenken entgegen. Man erachtete sich nicht berechtigt so erheblich von dem, den Mitgliedern gewordenen Mandat abzuweichen, dadurch möglicherweise eine Spaltung des Vereins herbeizuführen. Die Ueberzeugung jedoch, daß es sich hier um eine Lebensfrage für das Vaterland handelt, hat zu dem Entschluß geführt, sich zu einem

Verein für sozial-politische Reform

zu constituiren und hierdurch alle Vaterlandsfreunde, welche der Erreichung der großen Zwecke desselben ihre Kräfte widmen wollen, zum Beitritt einzuladen, wobei man sich der Hoffnung hingiebt, daß der Verein aus welchem dieser hervorgegangen, so wie andere das Wohl des Vaterlandes bezweckende Vereine sich demselben späterhin anschließen werden.

Der Verein für sozial-politische Reform ist sich bewußt, daß seine Bestrebungen nur in dem Maaße Erfolg haben können, wie sie in der öffentlichen Meinung eine Stütze finden. Es bekundet aber die geringe Vertretung des größeren Grundbesitzes in der National-Versammlung, welche Vorurtheile den Rittergutsbesitzern noch entgegenstehen, und es ist demnach die Befürchtung nicht unbegründet, daß diese Vorurtheile auch der Thätigkeit des Vereins lähmend entgegen treten müssen, indem derselbe den Mitgliedern dieses Standes wesentlich seine Entstehung verdankt. Man hat hiernach geglaubt sich zunächst über die Stellung der größeren Grundbesitzer in dem neueren Staatsleben offen aussprechen zu müssen. Mit der Aufhebung der bäuerlichen Dienste und nachdem auch der Landbau durch freie bezahlte Arbeit betrieben wird, ist derselbe in innigste Berührung mit allen Wechselfällen des Geldverkehrs getreten, jede Störung des Geldmarktes, der Handels- und Gewerbsthätigkeit berührt denselben aufs Empfindlichste, und hat, wie die Erfahrung lehrt, nicht selten den Untergang zahlreicher Grundbesitzer-Familien zur Folge. Nicht minder verderblich ist denselben jede krankhafte Entwickelung des sozialen Lebens, denn das daraus hervorgegangene Proletariat bedroht die Interessen des Grundbesitzes in einer Weise, welche diesen recht eigentlich den Beruf auferlegt, eine Schutzwehr wider das zügellose Walten des beweglichen Capitals, d. h. der wesentlichsten Quelle der Massenverarmung zu bilden. Wie mächtig die größeren Grundbesitzer durch alle politischen Ereignisse berührt werden, bedarf hiernach keiner weiteren Ausführung. Man glaubt aber auch hervorheben zu müssen, daß mit dem Edict vom 9ten Oktober 1807, d. h. mit Auflösung des mittelalterlichen Patrimonialstaats, deren exclusive Stellung in der Nation für immer beseitigt ist; daß insofern sie auch noch den vormals privilegirt gewesenen Familien angehören, diese zu allen Zeiten die Geschicke des Vaterlandes redlich getheilt, auf allen Schlachtfeldern für dasselbe geblutet, für den Aufbau und die Entwickelung desselben kräftig mitgewirkt haben. Die Söhne werden den patriotischen Geist der Väter nicht verläugnen, sie werden sich der neuen Richtung des Staatslebens mit Offenheit und Freimuth anschließen; sie sind sich bewußt, daß eine Rückkehr zu der ältern Richtung desselben eine Unmöglichkeit ist, daß sie die wahren Interessen des Vaterlandes aufs Tiefste verletzen würde, und daß es hiernach Aufgabe der größeren Grundbesitzer wie aller Patrioten ist, den reactionären Bestrebungen nicht minder kräftig entgegen zu treten, als den anarchischen. Nur ein gänzliches Verkennen ihres wahren und dauernden Vortheils kann einzelne Grundbesitzer noch verleiten partikuläre Interessen zu verfolgen, den aufgeklärten Bestrebungen für Fortschritte und Cultur entgegen zu treten, und es muß hiernach bei unbefangener Auffassung dieser Verhältnisse jedes Vorurtheil schwinden, welches dem Verein für sozialpolitische Reform seines Ursprunges wegen entgegen treten könnte.

Die zur gesellschaftlichen Regeneration nothwendigen Institutionen und Gesetzes-Maaßregeln lassen sich nur aus einer klaren Einsicht in die politischen, volkswirthschaftlichen und sozialen Zustände des Vaterlandes ableiten, und es wird zur Motivirung dieses Programms eine kurze Darlegung derselben unerläßlich.

Nachdem durch die Gesetzgebung von 1807 bis 1811 die persönliche Freiheit der unterthänigen Bauern, die Eigenthumsverleihung der Rustikalhöfe, die freie Disposition über dieselben, die Gewerbefreiheit 2c. ausgesprochen worden, war einerseits die Beibehaltung der mittelalterlichen Patrimonial- und Gemeinde-Verfassung eine Anomalie, welche nicht verfehlen konnte, die erheblichsten Mißstände hervorzurufen; andrerseits hatte man verabsäumt die Bedingungen zu erfüllen, unter denen die Einführung der Geldwirthschaft beim Landbau allein eine höhere Entwickelung der produktiven Kräfte zur Folge haben kann. Die Auflösung der Zünfte und Innungen und die schrankenlose Gewerbefreiheit verliehen dem großen Kapital ein vernichtendes Uebergewicht über den Handwerker- und Arbeiterstand, und führten zur Ausbeutung der demselben angehörenden großen Bevölkerungsmassen, ein Uebel, welches durch ein, diese Klassen unverhältnißmäßig belastendes Steuersystem, durch Börsenspiel, Eisenbahnen 2c. noch gesteigert wurde. Mit der Freiheit und der gleichen Berechtigung aller Staatsgenossen mußte das Bedürfniß einer Betheiligung des Volks an dem Staatsleben und an einem ungeschmälerten Genuß der Geisteserzeugnisse immer bestimmter hervortreten, und die Beibehaltung der Censur, so wie der absoluten Monarchie, trat hiernach in schroffem Gegensatz zu den geistigen Bedürfnissen der Nation. Mit der Auflösung der mittelalterlichen Gebundenheit mußte die Aufgabe der Gesetzgebung und Verwaltung eine unendlich schwierigere werden, sie fand indessen in den Staatswissenschaften keinen Beistand, da diese sich von den Fesseln der Systeme und der abstracten Principien noch nicht emancipirt, sie das Wesen und die Grundbedingungen des Gesellschaftslebens noch nicht zum Gegenstand ihrer Forschungen gemacht hatten. Man hatte noch nicht erkannt, daß die Freiheit nicht allein durch die Uebergriffe der Staatsgewalt, sondern in sehr viel höherem Maaße durch die Uebergewalt der stärkeren Gesellschaftskräfte über die schwächeren, d. h. insbesondere durch die des großen Kapitals bedroht wird, daß demnach die Mißachtung der Staatsgewalt, das Verkennen ihrer hohen Bedeutung für Wohlstand, Freiheit und Kultur, d. h. der Bedingungen jedes Fortschrittes, diesen selbst gefährden müsse. Die schrankenlose Bewegung der gesellschaftlichen Kräfte mußte zu einer Ausbeutung und steigenden Verarmung der großen Bevölkerungsmassen, zu einem Monopol der Reichen führen, welches den höheren Zwecken des Staatslebens, der geistig-sittlichen Entwickelung der Arbeiter um so verderblicher wurde, als diese den Gesetzen des Bevölkerungslebens gemäß, sich um so stärker vermehrten, je mehr die Noth derselben gesteigert ward, daher das Mißverhältniß in der Gelegenheit zum Arbeits-verdienst zu der Zahl der Arbeiter-Familien immer schroffer hervortrat. Aehnliche Mißstände kamen bei fast allen Völkern Europas zur Erscheinung, sie mußten endlich den Umsturz der bestehenden Verhältnisse herbeiführen, in unserm Vaterlande den 18ten März möglich machen.

Wie beklagenswerth zur Zeit die daraus hervorgegangenen Zustände erscheinen — der Verein ist weit entfernt, die Verschuldung irgend einer politischen Partei oder den Fehlern der Staatsgewalt ausschließlich zuzuschreiben. Derselbe erkennt darin vielmehr eine der weltgeschichtlichen Wehen, von denen die Völker periodisch heimgesucht werden, um sie zu einer höheren Entwickelungsstufe emporzuleiten. Die damit verbundenen Schmerzen und Gefahren zu mildern, das Ziel und die dahin führenden Wege zu bezeichnen, die öffentliche Meinung wie die Gesetzgebung darüber aufzuklären, dadurch einen gedeihlichen Ausgang zu vermitteln, ist die Aufgabe deren, wenn auch nur annähernde Lösung der Verein sich gestellt hat.

Indem wir zur Entwickelung der unserer Ueberzeugung nach zunächst nothwendigen Institutionen schreiten, sind wir zugleich zu dem Bekenntniß genöthigt, daß sie ihre Motivirung nur geringen Theils in den zur Zeit herrschenden Lehren der Staats- und sozialen Wissenschaften finden, daß sie vielmehr fast ausschließlich aus den Bedürfnissen und aus der Erkenntniß der Gesetze des sozialen Lebens hervorgegangen sind. Wir glauben diese Entstehungsweise als einen Vorzug bezeichnen zu müssen, weil die politischen Wissenschaften durch die Entwickelung des öffentlichen Lebens bei weitem überflügelt worden, sie mehr geeignet sind den Staatsmann irre zu leiten, als ihm die zu verfolgenden Bahnen vorzuzeichnen. Nie gab es eine Staatsregierung, welche redlicheren Geistes und mit gleicher Gewissenhaftigkeit als die preußische die Lehren der Wissenschaft, insbesondere auf den volkswirthschaftlichen und sozialen Gebieten, beachtete. — Um so mehr rechtfertigen die heutigen Zustände des Vaterlandes die Zweifel an der Wahrheit dieser Lehren. Die Irrigkeit derselben tritt aber augenfällig hervor, sobald die Grundlagen in Erwägung kommen, auf denen diese Wissenschaften zur Zeit aufgebaut sind. Man hat die organische Natur der Gesellschaft, und daß die einzelnen Systeme und Gebiete derselben in unlösbarer Wechselverbindung stehen, unbeachtet gelassen. Das Prinzip der Arbeitstheilung ist in den politischen Wissenschaften bis auf die Spitze getrieben; jede derselben verfolgt eine abgesonderte Bahn ohne von der andern Kenntniß zu nehmen; jede derselben geht mehr von abstracten Principien, als von der Beachtung der Lebensverhältnisse aus; einzelne Gebiete sind gänzlich unangebaut, wie z. B. die Lehre von den Gesetzen welche der Entwickelung und der Veredlung der Bevölkerungsmassen zum Grunde liegen. Die Volkswirthschaft endlich geht so weit die Productivkraft des Staats in Abrede zu stellen; sie bewahrt deshalb einen staatsfeindlichen Charakter, läßt die Consumtion, die Vertheilung der Güter in der Nation unbeachtet u. s. w.

Der Verein für sozial-politische Reform ist sich bewußt, daß die Lösung seiner Aufgabe nur unter Vermeidung der hier bezeichneten Klippen, d. h. nur von einem ganz universellen Standpunkt aus möglich ist. Er wird gleichzeitig das politische, das volkswirthschaftliche, das soziale und das Culturleben, die Wechselbeziehungen dieser verschiedenen Richtungen gesellschaftlicher Thätigkeit ins Auge fassen, dadurch für die Wissenschaft einen zuverlässigen Boden zu gewinnen suchen. Eine derartige Thätigkeit gewinnt sofort eine praktische und politische Bedeutung, indem sie einerseits mit größerer Bestimmtheit die Institutionen erkennen lehrt, welche zur Reorganisation der Gesellschaft nothwendig sind, andrerseits aber auch nicht verfehlen kann einen entscheidenden Einfluß auf den Bildungsstand, auf die geistige und politische Thätigkeit der Nation auszuüben. Man wird sich überzeugen, daß die einseitig philologische, juristische und belletristische Bildung den Bedürfnissen der Zeit nicht entspricht; daß fernerhin das öffentliche Leben nicht mehr fast ausschließlich auf Politik beschränkt bleiben darf, daß diese in der entsprechenden Beachtung aller andern Gebiete des gesellschaftlichen Lebens, insbesondere des volkswirthschaftlichen und sozialen ihre Grundlage finden muß. Die volkswirthschaftlichen und sozialen Mißstände untergraben das innerste Leben der Nation und diese muß ohne Aussicht auf Rettung zu Grunde gehen, so lange sie in ihrer Verzweiflung ausschließlich in der Politik einen rettenden Anker sucht, den eigentlichen Sitz des Leidens fernerhin unbeachtet läßt. Es kann nicht dringend genug hervorgehoben werden, daß die weisesten Staatsinstitutionen den Völkern in dem Maaße Elend bringen müssen, als sie aus dem Prinzipe der Freiheit und des Fortschritts hervorgegangen sind, sobald dem volkswirthschaftlichen und dem sozialen Leben nicht gleichzeitig eine entsprechende Entwickelung zu Theil geworden ist. Die Geschichte unserer Tage giebt davon Zeugniß. In Frankreich ist die Republik nur unter der Herrschaft des Martialgesetzes möglich, weil nur dieses die sozialen Krankheitsstoffe zu zügeln vermag. Die ihrer Aufgabe sich bewußte Staatskunst wird sich aber nicht auf Palliative beschränken, sie wird sich die

Reorganisation des gesammten Gesellschaftslebens als Aufgabe stellen. Denn das Proletariat, der Pauperismus u. s. w. sind die äußere Erscheinung eines innern sozialen Leidens, dessen Verschwinden nur von der Herstellung gesunder Gesellschafts-Zustände erwartet werden darf.

Aus dieser Weltanschauung geht in nothwendiger Folge zugleich der Standpunkt hervor, den der Verein inmitten der politischen Bewegungen des Vaterlandes einzunehmen sich berufen fühlt. Wiewohl so wenig dem Feudalstaat wie dem Absolutismus eine geschichtliche Berechtigung abzusprechen ist *), erscheint die Rückkehr zu den diesen Staatsformen angehörenden Institutionen doch gradezu naturwidrig, weshalb der Verein sich zum offenen Kampf gegen reaktionaire Tendenzen verpflichtet erachtet. Nicht minder aber: Kampf gegen Anarchie und gegen die Quelle derselben, d. h. gegen abstrakte Freiheits-Ideen, die in der realen Welt keinen Boden finden. Nachdem der auflösende Liberalismus durch den Umsturz des mittelalterlichen Staats sich unvergängliche Verdienste um die Menschheit erworben und seinen großen geschichtlichen Beruf erfüllt hat, ist derselbe nicht minder antiquirt, wie der Feudalismus und der Absolutismus. Die Zeit des a u f b a u e n d e n Liberalismus ist endlich erschienen, nachdem in unserm Vaterlande fast 40 Jahre vergangen sind, ohne daß der Beruf und die hohe Aufgabe desselben in der Wissenschaft, oder im Volksbewußtsein Anerkennung gefunden haben. Der Verein für Staats- und soziale Wissenschaften fühlt sich berufen, als Vertreter

*) Ohne den kräftigen Absolutismus Churfürst Friedrich Wilhelms des Großen und seiner Nachfolger hätte Preußen wahrscheinlich nur polnische Zustände erlebt und das Schicksal Polens getheilt.

der aufbauenden Staatsthätigkeit mit allen ihm zu Gebote stehenden Kräften zu wirken, den großen Gesichtspunkten der Stein-Hardenberg-schen Gesetzgebung und den Verheißungen vom 18ten März d. J. eine thatsächliche Entwickelung zu verleihen. Er wird deshalb constitutionelle Monarchie, freie Presse, Gleichheit vor dem Gesetz, Unabhängigkeit der politischen Rechte von dem religiösen Glaubensbekenntniß, öffentliches und Schwurgericht und das Associationsrecht als eine Nothwendigkeit anerkennen und die Beschränkung des letztern nur insoweit zulässig erachten, als sie zur Vorbeugung gewaltsamer Demonstrationen unerläßlich erscheint.

Diese Institutionen können sich indessen nur seegenbringend bethätigen, sobald gleichzeitig alle deren Wirksamkeit bedingenden politischen, volkswirthschaftlichen, sozialen und Kultur-Anstalten ins Leben gerufen, die in dem Gesellschaftsorganismus sich vorfindenden Lücken ausgefüllt werden und dieser zu einer einheitlichen, lebenskräftigen Gestaltung erhoben wird. Aus diesen Gründen erachtet der Verein sich verpflichtet, die nachbezeichneten Institutionen zu erstreben, deren Nothwendigkeit in der öffentlichen Meinung, wie bei den gesetzgebenden Gewalten des Vaterlandes zum Bewußtsein zu bringen.

A. Politische Institutionen.

1. Gemeindeverfassung.

Die Gemeinde ist der Sitz des innersten Volkslebens, die Werkstätte, in der die edelsten Volkstugenden zur Entwickelung gelangen sollen. Es darf deshalb kein unbescholtener, mündiger, männlicher Staatsgenosse von dem Gemeinderechte ausgeschlossen bleiben, daher dieses Recht durch keinen Census beschränkt werden. Dagegen wird auch nicht zu übersehen sein, daß in der Regel die Zahl der unselbstständigen und besitzlosen Gemeindegenossen die der selbstständigen und besitzenden bei weitem, oft um Hundert Prozent und darüber übersteigt, daß die letztern die Kosten des Gemeindehaushalts, der Armenpflege und Nothstandshülfe fast ausschließlich zu tragen haben und daß es zur gesetzlichen Plünderung, d. h. zur Anarchie führen muß, sobald die Empfänger der Nothstandshülfe das Maaß derselben zu bestimmen haben. Aus diesen Gründen wird, mindestens für die Uebergangsperiode und bis zur Erreichung eines gesicherten Erwerbes und eines höheren Kulturstandes der auf physische Arbeitskraft beschränkten Gemeindegenossen, deren Vertretung im Gemeinderath eine mindere sein müssen, als die derjenigen Hausväter, welche durch Besitzstand, Geschäftsbetrieb oder Kulturthätigkeit selbstständig sind. Es ist die Festhaltung dieses Grundsatzes um so unerläßlicher, als den Gemeinden eine autonomische Gewalt zu verleihen ist, sie von den Fesseln der Bevormundung durch den Staat zu befreien sind. Sie wird um so weniger Widerstand finden, als sowohl nach der Städteordnung, nach den Bestimmungen des Allgemeinen Landrechts, wie nach denen der rheinischen und westphälischen Gemeindeordnungen die Arbeiter und Dienstboten ein Gemeinderecht überhaupt noch nicht ausgeübt haben; ihnen durch diese Bestimmung demnach ein neues und sehr wichtiges Recht verliehen wird.

2. Die Gemeindevertretung (der Gemeinderath) ist die Basis der politischen Vertretung in der Kreis-, Provinzial- und Nationalversammlung.

Durch diese Bestimmung wird das System der Urwahlen, in der Anwendung, auf die naturgemäßen Schranken zurückgewiesen. Es kann dagegen ein rechtliches Bedenken nicht obwalten, weil die Wahlordnung vom 8ten April d. J. nur eine provisorische Geltung hat. Die unselbstständigen Staatsgenossen erhalten überdies für die Entziehung eines herrschenden Einflusses auf die Wahl der Nationalvertreter einen reichlichen Ersatz in der Verleihung des Gemeinderechts. Es wird aber in diesem Wege der schreiend hervortretende logische Widerspruch vermieden, welcher in der höchsten politischen Berechtigung der unselbstständigen Personen sich bekunden würde, während sie in der niedern Sphäre des Gemeindelebens nur zu einer beschränkten Berechtigung gelangen können. Eine derartige Staatsverfassung muß schon dieses Widerspruches wegen den Keim des Unterganges in sich tragen; es lehrt aber überdies die Geschichte, daß alle Staaten demselben oder doch der Despotie anheim gefallen sind, in denen die besitz- und kulturlosen Bevölkerungsmassen einen herrschenden Einfluß auf das Staatsleben zu erringen wußten *).

---

*) Wir wollen hier nur auf das letzte Jahrhundert der römischen Republik verweisen, auf jenes an Qualen, Kämpfen und Gräueln überreiche Jahrhundert, wo die frühere kernhafte, plebejische

Endlich darf nicht unberücksichtigt bleiben, daß die Gemeinden nur zu einer wahrhaft fruchtbringenden Entwickelung gelangen, daß sie nur die Blüthen eines edeln Volks- und Gemeingeistes zeitigen können, sobald sie zugleich den Uebergang zu dem höheren Staatsleben bilden. Auch die vollkommenste Gemeindeverfassung wird ein lebloses und unwirksames Werk bleiben, so lange die Gemeindegenossen nicht durch wichtige, gemeinsame Funktionen und Interessen eng an einander gekettet sind, d. h. insbesondere so lange die Volksvertretung nicht aus der Gemeinde, sondern neben derselben emporwächst.

3. Die erste Kammer geht aus der Vertretung der Interessen hervor.

Das Zweikammersystem ist eine Grundbedingung der constitutionellen Monarchie, weil bei dem ersten Conflikt die Krone der moralischen Gewalt einer Volkskammer erliegen oder doch zum Nachtheil des einheitlichen Staatsverbandes unverhältnißmäßig geschwächt werden müßte. Wenn die aus der Gemeindevertretung hervorgehende zweite Kammer

---

Bauernschaft durch staatliche Ueberbürdung zur allmählichen Parzellirung und Veräußerung ihrer Höfe gezwungen, sich in ein städtisches Proletariat umgewandelt hatte, das, im Besitz der politischen Rechte geblieben, fortan die Grundlage für das anarchische Treiben entsittlichter Tribunen und für die Despotie ehrsüchtiger Militair-Chefs bildete. — Griechenlands und Siciliens kläglicher Untergang hatte ziemlich dieselben Ursachen: ungeheurer Besitz in den Händen Weniger und ihm gegenüber ein massenhaftes Proletariat im Besitz der Rechte, welche die Demokratie giebt. — Nordamerika gehet durch den Mangel einer Agrarverfassung ähnlichen Ereignissen entgegen, die um so gewisser eintreten werden, sobald das Rohdeland geschlossen sein wird, als das städtische Proletariat schon jetzt den Magistraten die schwierigsten Probleme aufgiebt.

überwiegend Repräsentantin des Arbeiterstandes, der kleineren Grundbesitzer, so wie des kleineren Gewerbes sein würde, so bedürfen doch die besondern Interessen, welche in Kunst und Wissenschaft, bei dem größeren Grundbesitz, Fabrik- und Handelsstande, so wie in den gewerblichen Genossenschaften sich zu erkennen geben, einer vorzüglichen Vertretung, und es ist hiernach das Hervorgehen der ersten Kammer aus dieser Vertretung wohlbegründet. — Wenngleich bei dem organischen Zusammenhang aller gesellschaftlichen Bestandtheile ein dauernder Widerspruch der Interessen nicht vorausgesetzt werden darf, kann eine Vermittelung der aus krankhaften Zuständen hervorgehenden Gegensätze und überhaupt eine weise Gesetzgebung nur erreicht werden, sobald diese Gegensätze bei der Gesetzesberathung genügend hervortreten.

4. Decentralisation der Verwaltung, soweit sie ohne Gefährdung des einheitlichen Staatsverbandes möglich. Die Orts- Kreis- und Provinzialgemeinden bewahren einen hiernach zu bestimmenden Grad selbstständigen Lebens.

Wohin es in politischer Beziehung führen muß, wenn fast das gesammte Volksleben eines ausgedehnten Landes sich in einer Hauptstadt concentrirt, lehrte die Geschichte Frankreichs in den Jahren 1814 und 1815; nicht minder der kolossale Aufwand, den die Befestigung von Paris erfordert hat. Daß ein für seine Selbstständigkeit begeistertes Volk unüberwindlich ist, sobald jede Provinz ein inneres selbstständiges Leben bewahrt hat, sobald jede Gemeinde besonders erobert werden muß, hat Spanien in seinem Kampfe gegen den Welteroberer dargethan. Preußen wäre nimmer durch die Ereignisse in der Hauptstadt so tief erschüttert und so gelähmt worden, wenn durch das Centralisationssystem den Provinzial-Staatsbehörden nicht jede Selbstständigkeit entzogen, sie in den unwesentlichsten Dingen nicht in gänzliche Abhängigkeit zu den Ministerien versetzt worden wären. Mit der beabsichtigten Aufhebung der Provinzial-Verfassungen muß dieses Uebel noch gesteigert werden. Die Centralisation der finanziellen und industriellen Kräfte des Landes in der Hauptstadt hat nicht minder verderblich gewirkt. Gesetzgebung und Verwaltung werden sich vereinigen müssen, um das Vaterland vor den großen Gefahren einer Centralisation zu bewahren, welche die Grenzen desjenigen Maaßes übersteigt, das durch die Nothwendigkeit der einheitlichen Leitung geboten wird.

B. Volkswirthschaftliche Institutionen.

1. Progressive Einkommensteuer, insbesondere zum Schutz des kleinen und des mittlern Gewerbes wider die Uebergewalt des großen Kapitals.

Einer Motivirung dieser Steuerverfassung wird es kaum bedürfen; sie ist zu tief in den Bedürfnissen der Gesellschaft begründet, sie ist unvermeidlich, sobald man nicht zu dem mittelalterlichen Zunftzwange zurückkehren will, der, obwohl einer roheren Staatsform angehörend, doch seinen Zweck zu erfüllen, der zügellosen Concurrenz einen Damm entgegenzustellen geeignet war. Die Ausführbarkeit kann nicht in

Zweifel gezogen werden, da der dem ersten vereinigten Landtage vorgelegte Gesetzentwurf wegen Erhebung einer Einkommensteuer dieserhalb die praktisch nothwendigen Bestimmungen enthält. Wenn insbesondere die Vertreter der großen Städte sich der Annahme desselben widersetzt, so lag dies vornehmlich in der Schwierigkeit der Verzinsung und Amortisation ihrer Kriegsschulden nach Aufhebung der Mahl- und Schlachtsteuer. Dies Bedenken ist vollständig gerechtfertigt, das Land wird aber keinen Anstand nehmen, des hohen Zweckes wegen in die Uebernahme derselben auf Staatsfonds zu willigen. Die progressive Einkommensteuer hat recht eigentlich den Charakter einer Schutzsteuer, einer an den Staat zu entrichtenden Prämie für Sicherstellung der bürgerlichen Existenzen, und es bethätigt der Staat durch Einführung derselben auch auf diesem Gebiete den Charakter einer Schutzanstalt, der recht eigentlich seiner hohen Bestimmung entspricht. Sehr erhebliche Prämien für Sicherstellung gegen Feuersgefahr, Wasserschaden, Hagelschlag 2c. werden alljährlich gezahlt, es wird, sobald das Wesen und die Bedeutung der Schutzsteuer, d. h. einer Prämie wider eine vernichtende Concurrenz erkannt worden, deren Einführung keinen Anstand finden, nachdem auch der große Kapitalist die Ueberzeugung gewonnen hat, daß er durch das Auftreten eines noch mächtigeren Concurrenten fernerhin nicht mehr zu Grunde gerichtet werden kann. Wie die trefflichsten Einrichtungen durch Mißbrauch verderblich werden können, z. B. die freie Presse, so kann nur eine kurzsichtige Auffassung daraus Motive zur Unterdrückung derselben ableiten. Man vertraut, daß die Besorgniß vor Mißbrauch der Einführung der Progressivsteuer nicht entgegentreten, daß die Gesetzgebung nicht durch Uebertreibungen dem Streben nach Vermögenserwerb lähmend entgegenwirken werde. Eine Plünderung des großen Kapitals würde dem volkswirthschaftlichen Leben den Untergang bereiten, allen Klassen der Gesellschaft gleich verderblich sein. Es handelt sich lediglich um Einführung eines solchen Steuertarifs, der der kleineren und mittleren Produktionsanstalt das Bestehen neben der größeren möglich macht, nicht aber eines solchen, der die letztere unterdrückt. Die Einkommensteuer würde zunächst nur an Stelle der Gewerbe-, der Mahl- und Schlacht-, so wie der mittleren und höheren Stufen der Klassensteuer treten, da es nicht die Absicht sein kann, eine Umgestaltung des gesammten Staatshaushalts herbeizuführen.

2. Freihandel mit allen Staaten, welche die innere Concurrenz in gleichem Maaße durch Schutzsteuern zügeln.

Mit der allgemeinen Einführung dieses Steuersystems schwinden alle Bedenken, welche dem prinzipiell vollkommen begründeten Rufe nach Freihandel entgegentreten; die inländische Industrie wird fernerhin durch denselben nicht mehr zu Grunde gerichtet werden können; es schwinden damit zugleich die Bedenken der Staaten gegen den Zollvereinsanschluß, deren Industrie in den Entwickelungsstadien begriffen ist und die daher befürchten mußten, durch die Concurrenz mit einer hoch entwickelten Industrie zu Grunde gerichtet zu werden. Mecklenburg, Hannover, Oestreich werden dem Zollverein beizutreten im Stande sein; die materielle Einheit Deutschlands wird zu einer Einheit im Geiste führen, dadurch die politische Einheit eine Möglichkeit werden. Mit dem Freihandel darf jedoch die Aufhebung der Finanzzölle, d. h. einer wesentlichen Grundlage des Staatshaushalts, nicht ausgesprochen werden.

3. Schutzzölle gegen die Staaten, welche das große Kapital ungezügelt walten lassen. Erhöhter Schutzzoll gegen Diejenigen, welche den Export durch Ausfuhrprämien unterstützen.

Es liegt in der Natur der Dinge, daß nach Einführung der Schutzsteuer der Freihandel mit den Staaten nicht bestehen kann, welche der ungezügelten Concurrenz keine Schranke entgegenstellen. Ein solcher Zustand würde die Industrie des Vaterlandes ohne Weiteres zu Grunde richten, er wäre ein volkswirthschaftlicher und damit zugleich ein politischer Selbstmord.

4. Erhaltung constanter Geldpreise, d. h. eines gerechten Verhältnisses zwischen Schuldner und Gläubiger, zwischen Zahlungsverpflichteten und Zahlungsberechtigten.

Das Geld ist der Maaßstab für alle in Geld ausgedrückten Berechtigungen und Verpflichtungen. Mit der Aenderung dieses Maaßstabes werden in nothwendiger Folge alle dadurch berührten Rechtsverhältnisse alterirt. Die Maaßstabs-Funktionen wird das Geld unter Vermeidung von Rechtsverletzungen nur so lange erfüllen, als die Erhaltung constanter Geldpreise erreicht wird, d. h. als die Summe des umlaufenden Geldes mit dem Umfange der volkswirthschaftlichen Geschäftsthätigkeit in gleichem Verhältnisse bleibt. Es ist für jetzt nicht zu hoffen, daß die Erhaltung eines gerechten Verhältnisses zwischen Zahlungsberechtigten und Zahlungsverpflichteten durch Einführung einer Rechnungsmünze sich werde erreichen lassen, deren Werth periodisch nach dem Verhältniß des umlaufenden Geldes zur nationalen Geschäftsthätigkeit zu bestimmen wäre, da die Staatskunst bis zur Höhe einer solchen Werthsbestimmung noch nicht vorgeschritten ist. Eben so wenig darf erwartet werden, daß Schwankungen in den Geldpreisen sich werden vermeiden lassen. Aber den maaßlosen vernichtenden Geldpreisveränderungen, d. h. den Geld- und Handelskrisen wird einigermaaßen zu begegnen sein, indem der Staat die auf Geldbedarf, Geldvertheilung und Geldvorrath einwirkenden Momente einer geordneten Leitung unterwirft; indem derselbe überhaupt sich zu einer höhern Finanz-Kunst erhebt, die sich bewußt ist, daß wie das Blut den thierischen, so das Geld den gesellschaftlichen Organismus durchdringen, beleben, kräftigen müsse. Es folgt daraus, daß maaßlose Geldentziehungen wie Geldanhäufungen gleich sehr zu vermeiden sind, daß in diesem Sinne die Verwendung der Steuern, die Thätigkeit der Geldinstitute, die Abschließung der Handelsverträge zu leiten, die Agiotage in die geordneten Schranken zurückzuführen sei.

Während die Finanzkunst bisher wesentlich den Charakter der Plusmacherei getragen hat, das laissez aller, laissez passer von jeder gründlichen Erwägung fern hielt, an eine Ausbildung und verständige Benutzung der gesellschaftlichen Gelderzeugungskräfte nur ausnahmsweise gedacht wurde, man bei jeder Geldverlegenheit zu dem krämerhaften Auskunftsmittel des Borgens seine Zuflucht nahm, sind die Völker in einer Weise zu Grunde gerichtet, welche allein hinreicht, die heutigen Zustände derselben erklärlich zu machen. Es mag hier nur daran erinnert werden wie Peels Bill zur Aufhebung der 22jährigen Bankrestriktion, welche mit dem 1ten Januar 1821 in Wirksamkeit trat, und wodurch bis 1825 über 40 Millionen Thaler außer Umlauf gesetzt wurden, insbesondere die Ostseeprovinzen so unvorbereitet traf, daß die größeren Gutsbesitzer in denselben mit wenigen Ausnahmen den Untergang fanden. Denn die daraus hervorgegangene gänzliche Entwerthung aller Bodenerzeugnisse traf dieselben um so härter, als gleichzeitig die Agrargesetzgebung zur Ausführung kam, welche an Stelle der mittelalterlichen Antheils- die Geldwirthschaft einführte, wobei man jedoch übersehen hatte, daß diese nur bei gleichzeitiger entsprechender Vermehrung der Circulationsmittel Segen bringen konnte. Diese Lehre war indessen spurlos vorübergegangen, denn 20 Jahre später wurden colossale Summen an Eisenbahnactien in Umlauf gesetzt, ohne daß man bedacht hatte, daß jedes zinstragende Papier durch Arbeit erhalten, diese aber durch Geld vermittelt werden muß. Indem man die entsprechende Mehrung der Cirkulationsmittel verabsäumte, daher in den zinstragenden Papieren gewissermaaßen Geldaristokraten schuf, ohne gleichzeitig die arbeitenden Proletrarier, d. h. die Geldzeichen entsprechend zu vermehren, rief man eine Geldkrisis hervor, welche nunmehr die Revolution zur Folge haben mußte, weil inzwischen mit der Massenverarmung das Proletariat eine Ausdehnung gewonnen, von der die Geschichte noch kein Beispiel aufweist.

5. Hypothekenbanken für den gesammten ländlichen Grundbesitz behufs Beschaffung der wirthschaftlichen Beriebsmittel, Amortisation der Ingrossate und Gewährung der von Zeit zu Zeit erneut nothwendigen Meliorationskapitale.

Die heilige Muttererde ist keine todte Masse, sie ist vielmehr ein lebendiges Wesen und will gerecht behandelt sein, wenn sie ihre Spenden fernerhin darbieten soll; diese werden um so reichlicher ausfallen, je mehr man Gerechtigkeit gegen sie übt. Ohne Unterlaß sendet sie als Wahrzeichen ihrer Lebensthätigkeit Dünste gen Himmel, beansprucht aber, daß diese ihr in Form eines befruchtenden Regens zurück erstattet werden. Nicht minder bereitwillig bietet sie dem Landmanne alljährlich einen reichen Fruchtsegen dar, fordert indessen, daß ein Theil desselben ihr als Naturspeise — in Düngerform — wiederum zu Theil werde. Werden ihr diese Rechtsforderungen vorenthalten, so verfällt sie in Unfruchtbarkeit und verweigert ferneren Ernteseegen — ganz in Einklang mit dem allgemeinen Naturgesetz, nach welchem jede Thätigkeit Kräfte absorbirt, die durch Nahrung wiederum ersetzt werden müssen, wenn jene Lebensäußerungen nicht endlich wegen Erschöpfung der bewegenden Kräfte anfhören sollen.

Der Landmann wird aber durch äußere Verhältnisse gezwungen, die Natur ungerecht zu behandeln, sobald er durch Steuern oder Schulden überbürdet, genöthigt ist einen Theil der Früchte zu verkaufen, vielleicht dem Auslande zuzuführen, auf welche dem Boden ein Rechtsanspruch zustehet. Zwar hat der Staat einen wohlbegründeten Anspruch auf einen Theil der Bodenerzeugnisse, weil er durch seinen Rechtsschutz, durch seine volkswirthschaftlichen und Kultur-Institutionen bei Hervorbringung der Bodenerzeugnisse mitgewirkt hat; weil der Staat eine Productivkraft ist, gleich dem Boden und der Arbeitskraft und es bedarf die Staatskraft, gleich jeder anderen der Ernährung nach Maaßgabe ihrer Leistungen. Aber der Anspruch des Staats an den Bodenerzeugnissen ist nur so weit gerechtfertigt, als nothwendig ist, um ihn für seine productiven Functionen zu entschädigen. Uebersteigt derselbe dieses Maaß, so kann dies nur auf Kosten der übrigen Productivkräfte, des Bodens oder der Arbeiter geschehen.

Nicht minder gerechtfertigt ist endlich der Anspruch des Kapitalisten, welcher seine Vermittelungskräfte zur Herstellung des Inventariums, zur Bezahlung der Arbeiter u. s. w. hergegeben hat, auf einen Theil der Bodenerzeugnisse. Die Gläubiger, welche weder mittel- noch unmittelbar zur Entwickelung des wirthschaftlichen Lebens beigetrageu haben, können nur aus den Ueberschüssen befriedigt werden, welche die Natur in ihrem gnädigen Walten jeder wohlgeleiteten Wirthschaft spendet, um dadurch die Mittel zur Steigerung der Vegetationsschätze, zur Ernährung zahlreicherer und hochgebildeter Generationen darzubieten. Die nichtgerechtfertigten Ansprüche der Gläubiger bedrohen demnach im glücklichen Fall die Existenz oder doch das Wohlergehn künftiger Geschlechter. Im schlimmeren Falle, d. h. sobald die Wirthschaft mit Schulden überbürdet ist, können die Ansprüche der Gläubiger nur durch Beraubung der Bodenkraft, des Staats und der Arbeiter so lange befriedigt werden, bis die wirthschaftlichen Spenden sich in einer Weise vermindern, welche die Auflehnung dieser Kräfte gegen eine so ungerechte Behandlung bekundend, endlich die Subhastation und mit dem Ausfall der Hypothekenkapitalien, die gewaltsame Abschüttelung des naturwidrigen Joches zur Folge haben.

Wenn derartige Mißverhältnisse mehr oder weniger den Landbau einer ganzen Nation heimsuchen, so liegt darin eine natürliche Erklärung der ungenügenden Entwickelung der Landeskultur, der Mißernten, des Nothstandes, des Proletariats, der Volksentsittlichung u. s. w. Alle älteren Staatsverfassungen hatten der Bodenüberschuldung wirksam entgegengewirkt. Schon die mosaische Gesetzgebung hatte in dieser Beziehung erfolgreiche Bestimmungen getroffen. In unserm Vaterlande hatte die Lehnsverfassung die Verschuldung gehindert, bei dem Bauernstande ist sie erst seit der Eigenthumsverleihung möglich, und der Erfolg der Uebertragung von Erbfolgegesetzen, welche ursprünglich für das städtische und bewegliche Vermögen berechnet waren, auf den Landbau mußte um so verderblicher sein, als die Gelegenheit zur Beschaffung wirthschaftlicher Meliorationskapitalien gemeinhin fehlte, und daher mehrentheils nur Erbportionen d. h. Rechtsansprüche zur Eintragung kamen, die in der Mitwirkung zu wirthschaftlichen Zwecken keine Rechtfertigung fanden. In der Regel suchten die Gutsannehmer durch Spekulationsheirathen diesem Uebelstande zu begegnen, oder es ward zur Dismembration der Höfe geschritten, welche den Arbeitern die Gelegenheit zum Arbeitsverdienst entzog, weil zur Bearbeitung so kleiner Flächen die Kräfte des Besitzers und seiner Familie ausreichen, oder es ward endlich zur Abzweigung ganz kleiner Landparzellen geschritten, welche die Bedrängniß der Arbeiter wiederum steigerten, weil sie zu vorzeitigen Ehen und daher zur uuverhältnißmäßigen Vermehrung des Arbeiterstandes einen durch äußere Verhältnisse erzwungenen Anlaß gaben.

Es kann nicht die Absicht sein, durch gewaltsame Rechtsbestimmungen der nunmehr bereits in das Volksbewußtsein übergegangenen gleichen Erbberechtigung entgegen zu treten, wiewohl das Beispiel Norwegens, dessen freisinnige Institutionen wohl deshalb nur so glückliche Erfolge darbieten, weil daselbst jeder Bauer Majoratsherr ist, in dieser Beziehung ein verführerisches Vorbild aufstellt. Der Verein ist vielmehr der Ueberzeugung, daß in unserm Vaterlande eine gerechte Behandlung des Bodens sich nur mittelbar, durch Einführung dahin zielender Hypothekenbanken erreichen lasse. Es handelt sich dabei zunächst darum, daß jeder Landwirthschaft das zur Regeneration ihres wirthschaftlichen Betriebes von Zeit zu Zeit erneut nothwendige Meliorations-Kapital gewährleistet werde. Es wird nämlich das in einer Landwirthschaft verwendete Kapital im Laufe der Zeit absorbirt durch Krieg, Mißernten, Hagelschlag, Viehsterben, Abnutzung der Gebäude, durch Wittwen- und Minorennen-Wirthschaft und endlich durch die Fortschritte der Wissenschaft, durch veränderte Handelskonjunkturen und Volksbedürfnisse. Anfänglich nach Verwendung des Kapitals trägt dasselbe reichliche Früchte und es ist dann an der Zeit, deren Ueberschuß in der zu errichtenden Hypothekenbank anzusammeln, um sie demnächst wiederum, sobald das Bedürfniß eintritt, zu wirthschaftlichen Meliorationen zu verwenden. Es bethätigt sich auch hier das aus der lebendigen, organischen Natur der Landwirthschaft hervorgehende Bedürfniß: seine Früchte auszuströmen, um sie demnächst zu einer neuen Befruchtung wiederum in sich zu assimiliren. Die Hypothekenbank hat hiernach die Bestimmung, gewissermaßen das landwirthschaftliche Respirationsbedürfniß zu vermitteln.

Die Einrichtung der Hypothekenbanken würde ferneren Berathungen vorbehalten bleiben. Am zweckmäßigsten würden dieselben aus der Reform der landschaftlichen Kreditanstalten hervorgehen, deren Wirksamkeit demnächst auf sämmtliche Klassen ländlicher Grundbesitzer auszudehnen sein würde. Da indessen durch die Emission großer Summen auf das bäuerliche Grundvermögen zu hypothecirender Pfandbriefe der Geldmarkt abermals in verderbenbringender Weise alterirt werden würde, so ist es schon aus diesem Grunde unerläßlich, daß ein näher zu bestimmender Theil von Pfandbriefen einbehalten und an deren Stelle zinslose Bankscheine verausgabt werden, zu deren Sicherstellung eine entsprechende Summe von Pfandbriefen, d. h. von Repräsentanten des Grund und Bodens verpfändet bleiben. Es ist diese Maaßregel aber auch deshalb nothwendig, weil für jetzt eine erhebliche Zinserhöhung bei der allgemeinen Verschuldung des Grundeigenthums wiederum nur auf Kosten der Bodenkraft zu bewerkstelligen sein würde, daher die Amortisation im Wesentlichen nur vermöge der dadurch erzielten Zinsenersparnisse zu bewerkstelligen ist.

Offenbar erwächst dem Grundbesitz durch die Befugniß zur Emission zinsloser Bankscheine ein großer Nutzen, der mittelbar auf die Arbeiter und die Industrie übertragen wird, und es ist daher vollkommen gerechtfertigt, wenn der Staat sich späterhin für die partielle Aufgebung seines Geld-Regals durch Erhebung eines mäßigen Zinssatzes von den in Umlauf zu setzenden Bankscheinen bezahlen läßt, eine Maaßregel, die zu einer künftigen Ausgleichung der Grundsteuerverhältnisse den geeignetsten Weg darbietet.

Nach einer unbefangenen, wahrhaft staatsmännischen Anschauung der obwaltenden Verhältnisse kann die Errichtung derartig konstituirter Hypothekenbanken fernerhin nicht mehr zurückgewiesen werden. Abgesehen von der gegenwärtigen Klasse ländlicher Grundbesitzer-Familien, die voraussichtlich den beispiellosen Zeitverhältnissen nicht geringen Theils erliegen werden, handelt es sich um endliche Herstellung einer Grundlage für den Aufschwung der Landeskultur, um Sicherstellung der Existenz des Standes der Landarbeiter, der in den sechs mittleren und östlichen Provinzen des Staats nahe an als 6 Millionen Seelen umfaßt. Wie beispiellos der Druck der Zeitverhältnisse, hervorgegangen aus einer vollkommen naturwidrigen Gestaltung des volkswirthschaftlichen Lebens, insbesondere auf den Landbau gelastet hat, möge unter Anderm daraus erkannt werden, daß in der Provinz Preußen, obwohl deren Bevölkerung seit dem Jahre 1805 von 1½ Millionen auf 2½ Millionen Seelen angewachsen ist, und ungeachtet die Specialseparationen und Gemeinheitstheilungen zahllose Vegetationsschätze zur Hebung gebracht haben, gegenwärtig sich der Viehstand noch nicht vorfindet, den sie im Jahre 1805 besessen hat. *)

Es bietet die Hypothekenbank aber endlich ein wirksames Mittel dar, um der ferneren Verschuldung des ländlichen Grundbesitzes, insbesondere der aus dem Güterschacher hervorgehenden, einen wirksamen Damm entgegen zu stellen, sobald die Bank ihre, den Grundbesitz so begünstigende Operationen nur zu Gunsten derjenigen Besitzer eintreten läßt, die fernerhin keine Hypothekenschulden eintragen lassen. Wenngleich diese Bedingung ohne lähmenden Einfluß auf den Güterverkehr nicht mit Strenge durchgeführt werden kann, so würde der Zweck einer allmähligen Entlastung des ländlichen Grundvermögens von allen hinter den Forderungen der Bank eingetragenen Schulden sich doch im Laufe der Zeit erreichen lassen, sobald der Besitzer verpflichtet würde, der Bank im Fall einer neuen Verschuldung den gesammten Betrag der Ersparnisse zurück zu zahlen, welche durch Vermittelung derselben erzielt worden sind. Für alle nicht überschuldeten Güter würde in diesem Wege sich all-

---

*) Vergl. den Bericht der Commission zur Erörterung der Ursachen des in der Provinz Preußen öfter wiederkehrenden Nothstandes vom 15. Januar 1847. Seite 27.

mählig eine Entlastung bis auf das Maaß der Bankverschuldung herbeiführen lassen, während den überschuldeten Gütern nur eine Entlastung durch Subhastation oder durch freiwilligen Verkauf an zahlungsfähige Leute offen bleibt.

Durch eine derartige Einrichtung wird scheinbar das Interesse der Miterben verletzt, deren Erbportionen fernerhin nicht mehr hypothekarisch eingetragen werden können. Es darf aber dabei nicht übersehen werden, daß ohne die vermittelnde Dazwischenkunft der Bank die Güter überschuldet sein, und daß dann entweder keine Erbportionen oder doch nur unsichere Hypotheken sich vorfinden würden. Ferner, daß bei einer geringen Verschuldung der vorsorgende Hausvater Gelegenheit findet, Wirthschafts-Ueberschüsse zur Ausstattung der Miterben anzusammeln, und endlich daß der Personalkredit dem gering verschuldeten Gutsannehmer Gelegenheit giebt, die Miterben abzufinden oder sicher zu stellen. Es sind aber die Personalschulden des Grundbesitzers dem Landbau nicht entfernt so verderblich, als die Realschulden, weil sie in kürzerer Frist abgetragen werden, und nicht gleich diesen, oft durch Jahrhunderte langes Fortbestehen die Kräfte des Bodens erschöpfen. Ueberhaupt ist der Uebergang vom Real- zum Personalkredit zugleich von hoher sittlicher Bedeutung, weil der letztere durch persönliche Tüchtigkeit und Ehrenhaftigkeit bedingt wird, diesen Tugenden dadurch einen Geldwerth beilegt und sie solcher Art mehr und mehr zur nationalen Entwickelung bringt.

6. Handelsbanken nach dem Vorbilde der schottischen, mit Filialbanken in allen Theilen der Monarchie.

Während beim Landbau die Früchte der Kapitalverwendung gemeinhin erst nach mehreren Jahren zur Erhebung kommen und während derselbe im Stande ist, dem Gläubiger ein dem Verderben nicht ausgesetztes Unterpfand zu bestellen, zur Vermittelung seiner Geschäfte daher Hypothekenbanken nothwendig sind, walten beim Handel und bei der Industrie entgegengesetzte Verhältnisse ob. Der Geldumsatz ist ein rascher, die Früchte treten gemeinhin nach kurzer Frist hervor, das materielle Unterpfand ist weniger erheblich und sicher. Die Geschäfte der insbesondere die Handels- und Gewerbsthätigkeit unterstützenden Handelsbanken müssen demnach im Wesentlichen auf Personalkredit und auf Verpfändung beweglichen Vermögens basirt sein, sie können nur für kürzere Fristen abgeschlossen werden. Wie verderblich der Mangel an Kapital auf die gewerbliche Industrie einwirkt, zeigt sich beispielsweise bei der Lederfabrikation. Das Sohlleder kann seine höchste Vollkommenheit nur erlangen, wenn es mindestens 2 Jahre lang den einzelnen Manipulationen seiner Bearbeitung unterliegt, wie dies in den rheinischen Gerbereien allgemein der Fall ist. In Ostpreußen dagegen ist der Gewerbtreibende außer Stande, die Auslagen für so lange Zeit zu machen; er stellt demnach das Leder schon nach 9 Monaten zum Verkauf, dasselbe ist dann wenig dauerhaft und in Folge dessen nur zu schlechten Preisen verkäuflich. Nicht minder verderblich wirken Kapitalsmangel, d. i. hoher Geldpreis, auf die Handelsthätigkeit ein, und es hat z. B. der Einfluß der pommerschen ritterschaftlichen Privatbank und der reichen Geldkräfte Berlins dahin geführt, daß der Stettiner Handelsstand im Stande ist, die Weichselgegenden zu billigeren Preisen mit Kolonial- und Manufakturwaaren zu versorgen, als der Danziger *).

*) Vgl. Bericht der ostpreuß. Nothstands-Commission S. 29 u. 15.

Die wichtigste Aufgabe der Banken ist die Flüssigmachung unfruchtbar ruhender Kapitalien, die Beschleunigung des Umlaufs der Circulationsmittel, die Herstellung des Gleichgewichts zwischen Geldbedarf und Geldvorrath. In Beziehung auf die Sicherheit von Handelsbanken lehrt das Beispiel Schottlands: daß dieselbe eine fast vollkommene sein kann, indem dort die Privatbanken, die gegenseitig ihre Noten auswechseln, durch ihr unmittelbares Interesse zu einer scharfen gegenseitigen Controlle ihres Geschäftverfahrens veranlaßt werden. Selbst die ohne entsprechende Controlle entstandenen amerikanischen Banken würden weniger Unheil gestiftet haben, wenn sie nicht, gegen die Natur derartiger Institute, sich in große Spekulationen in Baumwolle, Eisenbahn-Unternehmungen, Ankauf von Grundbesitz u. s. w. eingelassen hätten. Die Sicherheit der Banken ist stets eine zweifache, indem einerseits das Fundations-Kapital, andrerseits das Vermögen, worauf sie Vorschuß geben, Bürgschaft leistet. Wenn nicht selten angeführt wird, daß durch Krieg und andere Kalamitäten die Sicherheit der Banken erschüttert und dadurch die Gefährdung des Publikums herbeigeführt werden könne, so sind dies immer nur entfernte Möglichkeiten, während die Verluste unfehlbar sind, welches ein längeres Verharren in dem heutigen naturwidrigen Zustande zur Folge haben muß. In wie weit die Provinzial- und Lokal-, die Communal- und Privat-Geld-Institute mit einer Staatsbank in Verbindung zu setzen sind, und in wie weit deren Thätigkeit durch diese zu bedingen sein wird, bleibt der ferneren Erwägung anheim gegeben.

7. Verbindung des Landbau's mit der Industrie dergestalt, daß wo dies möglich, jedem Industriearbeiter eine Landparzelle zu Theil werde und daß die Landarbeiter auch in den Wintermonaten Gelegenheit zum lohnenden Erwerb erhalten.

Die Erfahrung lehrt, daß Landestheile, in denen Landbau und Industrie sich mit einander verbinden, durch Geld- und Handelskrisen weniger tief erschüttert werden, als diejenigen, wo beide Richtungen erwerbender Thätigkeit isolirt bestehen. Selbst in geordneten Zeiten sind die ausschließlich auf Landbau beschränkten, von dem industriellen Leben entfernten Gegenden in ihrer Entwickelung gelähmt, weil seit dem Uebergange des Landbaues zur Geldwirthschaft nur reiche Ernten und hohe Fruchtpreise die ausreichenden Geldmittel herbeiziehen können, welche zum Ankauf der Kolonial- und Manufakturwaaren u. s. w. überhaupt zur Vermeidung ungünstiger Geldbilanz nothwendig sind. Für diese Landestheile ist die Entwickelung der industriellen Thätigkeit schon aus diesem Grunde eine Bedingung volkswirthschaftlichen Gedeihens. Sie wird aber zugleich deshalb nothwendig, damit der zahlreiche Landarbeiterstand auch während der langen Wintermonate Gelegenheit zu erwerbender Thätigkeit erhalte, sowohl um die landwirthschaftlichen Productionskosten zu mindern, als auch, damit der Landarbeiter nicht durch periodisch wiederkehrende Unthätigkeit in seinen physischen und intellektuellen und damit zugleich in seinen sittlichen Kräften erschlaffe. Es ist zu verhoffen, daß mit Einführung der Schutzsteuer insbesondere die Handspinnerei und Weberei wiederum neben der Maschinenkraft werde bestehen können und daß diese Lücke in dem wirthschaftlichen Leben fernerhin nicht fortbestehen werde.

Aber auch im Uebrigen wird durch entsprechende Gesetzgebungs- und Verwaltungsmaaßregeln auf Decentralisation des industriellen Lebens hinzuwirken sein; man wird der Entwickelung desselben in den Ackerbau treibenden Provinzen eine ernste Fürsorge schenken müssen, und es ist zu erwarten, daß die reichen Triebkräfte, das wohlfeile Bau- und Brennmaterial, die Wohlfeilheit der Lebensmittel und Wohnungsmiethen, die Leichtigkeit des Landerwerbs, zahlreiche Fabrikanten und Fabrikarbeiter zur Uebersiedelung nach diesen Provinzen veranlassen werde, wobei zugleich im Interesse der durch übermäßige Centralisation der Gewerbsthätigkeit gefährdeten Gegenden eine vermittelnde Dazwischenkunft des Staats gerechtfertigt sein würde.

C. Sociale Institutionen.

1. Beseitigung der Paternitätsklage, d. h. des wesentlichen Quelles der Volksentsittlichung, der vorzeitigen und leichtsinnigen Ehen.

Die landrechtlichen Bestimmungen über die Folgen des unehelichen Beischlafs und über die Verpflichtung zur Ernährung unehelicher Kinder (Allg. Landrecht Theil II. Titel I. und II.) wurden ursprünglich erlassen, um dem Kindermorde vorzubeugen. Eine vieljährige Erfahrung hat gelehrt, daß sie diesen Zweck nicht erreichen, daß vielmehr in den Provinzen, wo das allgemeine Landrecht nicht gilt und die Paternitätsklage unzulässig ist, — so weit die Nachrichten vorliegen, — der Kindermord sich nicht häufiger ereignet, als in den alten Provinzen. Neben den durch äußere Verhältnisse erzwungenen

Dismembrationen und neben der durch die Gewerbefreiheit erleichterten Errichtung solcher Haushaltungen, denen die Grundlagen eines gesicherten Erwerbes fehlen, tragen diese Gesetzesbestimmungen wesentlich zur Abschließung leichtsinniger Ehen bei, sie geben dem unehelichen Beischlaf Anreiz und Vorschub.

2. Erstarkung der Bande des Familienlebens durch Vermehrung der rechtlichen Beziehungen der Familienglieder zu einander.

Aus der Auflösung der Familienbande folgt naturgemäß die der Gesellschaft; die Familie ist die Grundlage des staatlichen und des gesellschaftlichen Lebens; die Erstarkung jener wird auch dieses wiederum kräftigen. Es mag den Fortschritten der Wissenschaft die Bezeichnung der Institutionen anheim gegeben bleiben, durch welche dieses Ziel, in der den Forderungen der Zeit entsprechenden Weise sich erreichen läßt. Hier möge nur angedeutet werden, daß voraussichtlich die Verpflichtung zur Armenpflege und Nothstandshilfe, je nach den Stadien der Erbberechtigung; die Errichtung des Familienraths und die Einwirkung desselben — wäre es auch nur eine moralische — wider die Abschließung leichtsinniger Ehen, von dem erheblichsten Einfluß auf die Gestaltung gesunder socialer Zustände sein würde.

3. Herstellung einer zeitgemäßen Innungs- und Genossenschafts-Verfassung.

Die Isolirung der Gewerbtreibenden und Arbeiter inmitten der Gesellschaft, hat vorzugsweise beigetragen, sie nach Aufhebung der mittelalterlichen Gebundenheit, der Ausbeutung seitens des großen Capitals, schutzlos Preis zu geben. Die Herstellung zeitgemäßer Innungs- und Genossenschafts-Verfassungen, hat daher eine hohe volkswirthschaftliche Bedeutung, nicht minder aber auch eine sociale, indem sie das Verhältniß der Lehrlinge, Gesellen und Arbeiter zu den Meistern und Fabrikherren regelt, der vorzeitigen Geschäfts-Etablirung und den leichtsinnigen Ehen entgegenwirkt, und zugleich einem edlen Genossenschafts- und Corporationsgeiste Entstehung giebt. Sie hat endlich eine nicht mindere politische Bedeutung, indem sie einen wirksamen Schutz wieder die Uebergriffe der Staatsgewalt verleiht, der nur vermöge einer irrthümlichen Auffassung bisher ausschließlich in der Theilung der souverainen Staatsgewalt gesucht werden konnte. Die Genossenschaften und Korporationen werden zugleich zu einem edlen Selbstbewußtsein gelangen, sobald sie berechtigt werden, bei der Wahl der Mitglieder des Oberhauses mitzuwirken.

4. Herstellung eines moralischen Einflusses der Gemeinden gegen die Abschließung leichtsinniger Ehen.

Die Gemeinden werden durch das Ueberhandnehmen leichtsinniger Ehebündnisse in ihrer Existenz bedroht, da in Folge derselben die Kosten der Armenpflege und Nothstandshilfe ihren Haushalt endlich zu Grunde richten müssen. Wenn hiernach die Trauungen nur auf Grund einer Bescheinigung des Gemeinde-Vorstandes erfolgen dürften: daß der Abschließung des Ehebündnisses ein gesetzliches Hinderniß nicht entgegen stehe, so wird dieser seinen moralischen Einfluß gegen die Abschließung offenbar leichtsinniger Ehebündnisse zu bethätigen im Stande sein. Er wird berechtigt sein müssen diese Bescheinigung aus sanitätspolizeilichen Rücksichten zu versagen, sobald das junge Paar seinen Wohnsitz etwa in einer bereits überfüllten Stube aufzuschlagen beabsichtigt.

5. Berechtigung der Gemeindegewalt zur Beschränkung der Freizügigkeit, soweit nicht etwa höhere Staatszwecke entgegen treten.

Vermöge der mangelnden Ordnung im socialen Leben geben einzelne Landestheile der Uebervölkerung, d. h. einer physisch, geistig und sittlich entarteten Bevölkerung die Entstehung *). Bei einer schrankenlosen Freizügigkeit werden

*) Während in Steiermark und im Regierungsbezirk Oppeln schon nach 37 Jahren sich die Bevölkerung verdoppelt, wird dieser Zeitpunkt im Regierungsbezirk Münster nach 192, im preußischen Staate nach 68, in Frankreich nach 256, in Ober-Oesterreich nach 500 Jahren erreicht. Cf. v. Reden Kulturstatistik S. 357. Die Erforschung der Ursachen dieser Gegensätze wird wichtige Aufschlüsse über die Gesetze des Bevölkerungslebens darbieten, der Wissenschaft wie der Staats-Gesetzgebung gleich förderlich sein. Oder sollten jene Gegensätze lediglich in klimatischen, oder Raçeunterschieden ihre Erklärung finden? wird der aus den Lehren der herrschenden Schule hervorgegangene entmuthigende, trostlose Glaube ferner Geltung behalten, als seien die Staatsinstitutionen ohne Einfluß auf die Gestaltung des Bevölkerungslebens; als wachse die Bevölkerung stärker an, als die Production, und müsse ein Theil der ersteren daher naturgemäß alljährlich durch Elend zu Grunde gehen? Diese unglückliche Lehre und das von allen Lehrstühlen ertönende Laissez aller haben in den Staatsmännern einen wahrhaft türkischen Fatalismus hervorgebildet, der in Verbindung mit der Macht der auflösenden Prinzipien die gegenwärtige Anarchie in Leben, Wissenschaft und öffentlicher Meinung erklärlich macht. Mit den Fortschritten der Wissenschaft wird immer bestimmter sich nachweisen lassen, daß der größere oder geringere Volkszuwachs lediglich durch die Staatsinstitutionen und durch den Kulturstand der Völker bedingt ist; daß der Staat es wesentlich in seiner Gewalt hat einer hoch gebildeten aber weniger zahlreichen; oder einer physisch, geistig und sittlich entarteten, aber sehr zahlreichen Bevölkerung Entstehung zu geben.

alle Gemeinden in ihrer Existenz bedroht, welche der Ueberfluthung durch den solcher Art entstehenden Bevölkerungs-Ueberschuß ausgesetzt sind. Um mindestens den gesunden Kern eines geordneten Gesellschaftslebens zu erhalten, wird die Freizügigkeit auf so lange einigermaßen zu beschränken sein, bis nach Regelung der socialen Verhältnisse die erheblichsten Quellen des Uebels abgeleitet sind.

6. Spezielle Maaßregeln zur Begründung des Wohles der ärmeren Volksklassen.

Nachdem die Institutionen zur Vorbeugung leichtsinniger Ehen der zügellosen Vermehrung des Arbeiterstandes entgegen gewirkt und dadurch ein geordnetes Verhältniß der vorhandenen Arbeitskräfte zur Arbeitsgelegenheit erreicht worden, wird es zugleich möglich der äußeren Gestaltung der Lage der Arbeiter eine erfolgreiche Fürsorge zu widmen. Daher: kräftige Handhabung der Sanitätspolizei, Errichtung von Kreis-Lazarethen, Anstellung von Armenärzten, Entsumpfung feuchter Landestheile, Errichtung gesunder Wohnungen, von Wasserleitungen u. s. w. Ferner: kräftige Fürsorge für die Waisen, so wie für die Invaliden der Arbeit; Minderung der die unentbehrlichen Lebensmittel vertheuernden Steuern, insbesondere Aufhebung der die Volkssittlichkeit untergrabenden Mahl- und Schlachtsteuer.

7. Errichtung von Sparkassen in allen Theilen der Monarchie.

Das Bedürfniß derartiger Institute ist bereits so weit anerkannt, daß es einer weiteren Motivirung derselben nicht bedarf. Sie würden, insofern geeignetere Auswege sich nicht darbieten, zweckmäßig mit den Handelsbanken zu vereinigen sein.

D. Cultur-Institutionen.

1. Kräftige Pflege und Entwickelung der Staats- und socialen Wissenschaften.

Es ist bereits hervorgehoben, welcher Art die isolirte Behandlung der die einzelnen Systeme und Gebiete des Gesellschaftslebens verfolgenden Wissenschaften, wesentlich beigetragen hat, die anarchischen Zustände der Gegenwart herbeizuführen. Wie diese Systeme und Gebiete im Leben sich durchdringen und in ihrer Entwickelung sich gegenseitig bedingen, so werden auch die betreffenden Wissenschaften in einem gleichen Wechselverhältniß zu einander treten müssen, wenn sie ihre große Aufgabe erfüllen, der Gesetzgebung eine untrügliche Nadel an die Hand geben sollen. Die Staats- und socialen Wissenschaften werden ihre Lehren fernerhin nicht mehr aus abstracten Prinzipien ableiten dürfen, und wenn sie stets ein ideales Ziel zu verfolgen haben, dürfen die Mittel zur Erreichung desselben doch nur aus dem Boden des realen Lebens, aus der Erkenntniß der im Gesellschaftsorganismus waltenden, ewigen und unwandelbaren Naturgesetze abgeleitet werden. Mit der Erkenntniß dieser Gesetze wird in der Meinung der Völker der verderbliche Wahn mehr und mehr schwinden, als sei alles Heil ausschließlich von den politischen Institutionen zu erwarten, als dürfen die volkswirthschaftlichen und socialen Institutionen wie bisher unbeachtet bleiben, als sei bei der einseitigen Verfolgung der von der öffentlichen Meinung wie von der Wissenschaft bezeichneten Bahnen der Untergang der kultivirteren Völker zu vermeiden. Sie muß nach der innersten Ueberzeugung des Vereins abermals Völkerwanderungen aus dem Osten zur

Folge haben, wie frühere Jahrhunderte sie erlebt, und durch die ungetrübte Anschauung des Barbarengeistes der Herrschaft abstracter Ideen ein Ende machen.

Von diesem Unheil können die kultivirteren Völker nur durch Regeneration der Wissenschaften erlöset werden und es wird dieses Werk einem wissenschaftlich praktischen Central-Organ zu übertragen sein, welches seine Aufgabe durch gesellschaftswissenschaftliche Forschungen, durch vergleichende Statistik und durch geschichtliche Darlegung nicht allein des politischen, sondern auch des volkswirthschaftlichen und des socialen Lebens der Völker zu lösen haben wird. In dem Maaße wie dies gelingt, wie die Wissenschaft mehr und mehr in dem Boden der Gesellschaft wurzelt, wie die bezüglichen Fragen durch Preisaufgaben angeregt, in den öffentlichen Blättern besprochen werden, wird auch der Volksgeist mehr und mehr in die Bahnen der Erkenntniß seiner wahren Bedürfnisse und Interessen hineingeleitet werden.

2. Praktische Entwickelung des Volksschulwesens.

Der höhere Unterricht wird naturgemäß mit den Fortschritten der Wissenschaft eine denselben entsprechende Richtung erlangen; er wird fernerhin nicht mehr so ausschließlich auf philologische, juristische und belletristische Studien beschränkt bleiben. Aber auch die Elementar-Schule muß mehr denn bisher eine Vorbereitung für das Leben darbieten, sie darf auch die Gesichtspunkte der Volkserziehung nicht aus den Augen verlieren. Wie trefflich auch die äußeren Verhältnisse der Arbeiter gestaltet werden mögen, die Emancipation aus den sie belastenden Fesseln kann nur erreicht werden, wenn der Arbeiter zugleich in seinem Inneren, durch geistig-sittliche Kräfte seiner höheren Stellung im Staatsleben gewachsen ist. Bei dem hervorragenden Einfluß der Frauen auf die Gestaltung des Familienlebens, auf die Heranbildung künftiger Geschlechter, wird der sorgsamen Erziehung der weiblichen Jugend eine vorzügliche Fürsorge zu Theil werden müssen. Sie ist insbesondere bei der slavischen Bevölkerung so vernachlässiget, daß unter zehn Arbeiterfrauen dieses Stammes kaum eine des Nähens und Strickens kundig ist.

Der Verein glaubt hier noch hervorheben zu müssen, daß es seiner Ueberzeugung nicht entsprechen würde, wenn ausschließlich der Central-Staat die Ausführung der hier bezeichneten Institutionen zu bewerkstelligen versuchen wollte. Dessen Aufgabe soll sich vielmehr im Wesentlichen auf Beseitigung gesetzlicher Hindernisse, auf Herstellung gesetzlicher Grundlagen, auf Anregung und Vermittelung beschränken; die Hauptaufgabe wird der Privat- wie der Vereins- und Gemeinde-Thätigkeit anheimfallen, und nur wo deren Kräfte unzureichend erscheinen, oder wo dies durch höhere Rücksichten geboten wird, soll der Central-Staat selbstthätig eingreifen.

Indem der Verein sich die Wirkungen vergegenwärtigt, welche die umsichtige und nachhaltige Durchführung jeder einzelnen der hier entwickelten Institutionen, nicht allein auf die besondere Sphäre für welche sie bestimmt worden, sondern zugleich in ihrer Rückwirkung auf alle übrigen damit organisch zusammenhängenden Gesellschafts-Verhältnisse hervorbringen muß; indem man sich ferner die Gesammtwirkung der gleichzeitigen Herstellung der bezeichneten Institutionen veranschaulicht, dürfte die Ueberzeugung einer genügenden

Grundlage nicht entbehren: es werde, es müsse besser werden im Vaterlande; es sei noch Rettung möglich aus dieser chaotischen Verwirrung, welche als eine schwere Heimsuchung auf dem Leben der Völker lastet, dessen edelste Blüthen zu ersticken droht. Gelingt es uns, diese Ueberzeugung unsern Mitbürgern, einem edlen Volke, mitzutheilen, welches seit einem Jahrhundert bereits zweimal sich durch gigantische Anstrengungen vom Rande des Abgrundes zu retten wußte, und eben dadurch gekräftigt, mit einem Ruhm ohne Gleichen, eine weltgeschichtliche Stellung errungen hat, so wird auch die Rettung aus den gegenwärtigen Gefahren nicht ausbleiben. Es ist, als sei Preußen durch eine höhere Fügung berufen, in seinen Entwickelungsphasen von Zeit zu Zeit kritische Momente zu durchleben, welche dessen Fortbestehen fast hoffnungslos erscheinen lassen, um demnächst in verjüngtem Glanze zu einem um so höheren Range unter den Völkern zu gelangen. Abermals, wir zweifeln nicht daran, werden Preußens Geschicke in diesem glorreichen Sinne in Erfüllung gehen; abermals wird Preußen voranleuchten auf der Bahn des Ruhmes, des Fortschrittes, der Gesittung, sobald diese Ueberzeugung in den Gemüthern aller Patrioten in ähnlicher Weise Wurzel schlägt, wie sie in der Unglücksperiode von 1807 bis 12 mit unumstößlicher Gewißheit in jedem Preußenherzen geschrieben stand, und eben dadurch die bessere Zukunft gewährleistete.

Nicht ist es der Kampf mit den Waffen zu dem gegenwärtig die Söhne Preußens aufgerufen werden. Es ist ein edlerer, eines sittlichen Volkes würdigerer Kampf, der uns beschieden ward; ein Kampf mit unseren Irrthümern, mit unseren Leidenschaften, mit dem Elende und der Verwirrung, die durch krankhaftes Gesellschaftsleben sich riesengroß in uns ausgebildet haben. Aber Preußens Kämpfe hatten nur einen so ruhmwürdigen Ausgang, weil sie einmüthigen Geistes und hingebenden Herzens, unter festen Zusammenwirken des Königs, des Volkes und der Regierung geführt wurden. Kehren wir zu dieser erprobten Kampfesweise zurück. Lassen wir den Wahn fahren, als wollen Krone und Regierung etwas anderes als das Glück und die Freiheit des Volks, den Ruhm und die Macht eines mit so großen Opfern und Anstrengungen aufgebauten Staats. Wie vormals werden die Söhne des Vaterlandes sich um die Krone und die Staatsgewalten schaaren, sobald sie die Möglichkeit der Rettung, die deshalb zu verfolgenden Wege erkannt haben. Prüfen wir gemeinsam den hier entwickelten Feldzugsplan und beginnen wir den Kampf demnächst mit der altbewährten Kraft und Hingebung unseres Stammes.

Berlin, am 20. September 1848.

Der Verein für sozial-politische Reform.

Das Comité.

v. Lavergne-Peguilhen.

G. v. Arnim. Schulze Berg. Bescherer. T. v. Bethmann-Hollweg.

Graf v. Bresler. Graf v. Krassow. Graf zu Dohna. v. Elsner.

Graf R. v. d. Goltz. Haenel. Graf H. v. Itzenplitz.

Graf O. zu Lynar. Nesselhauf.

Indem alle Freunde des Fortschrittes und der Wissenschaft, deren Ansichten und Wünsche mit dem Inhalt dieses Programms übereinstimmen, hierdurch eingeladen werden, dem Verein für soziale und politische Reform sich anzuschließen, ergehet an dieselben zugleich die Bitte, ihren Beitritt dem Grafen zu Lynar, Behrenstraße Nr. 22., oder einem andern Comité-Mitgliede anzuzeigen. Eben so wollen die sich etwa bildenden Lokal-Vereine mit dem hiesigen zum gegenseitigen Austausch der Verhandlungen in Verbindung treten.

Druck von G. Reimer.

Kolibri 360 GmbH
Ferdinand-Jühlke-Straße 7
99095 Erfurt, Deutschland
produktsicherheit@kolibri360.de